마음 고요 미술관

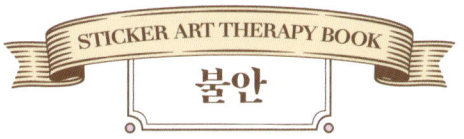

STICKER ART THERAPY BOOK

불안

일러두기

본 도서에 수록된 명화 이미지는 모두 저작권이 소멸된 퍼블릭 도메인 Public Domain 작품으로, 예술 아카이브 플랫폼 Artvee(artvee.com) 또는 Shutterstock에서 제공된 원화를 기반으로 제작되었습니다. 일부 이미지는 도서의 콘셉트에 맞추어 색상 및 형태를 재구성하였으며, 이는 순수한 교육·문화적 목적의 재가공임을 밝힙니다.

마음 고요 미술관

STICKER ART THERAPY BOOK
불안

초판 1쇄 발행 2025년 11월 30일

지은이 콘텐츠기획팀
펴낸이 김영조
감수 신동근(정신과 의사), 유미(미술치료 전문가)
편집 김윤하, 최희윤 | **디자인** 오주희 | **마케팅** 김민수, 강지현 | **제작** 김경묵 | **경영지원** 정은진
일러스트 여승규 | **교정** 김혜원, 오진하 | **외주디자인** 김영심 | **명화** Artvee, Shutterstock
펴낸곳 싸이프레스 | **주소** 서울시 마포구 양화로7길 44, 3층
전화 02)335-0385 | **팩스** (02)335-0397
이메일 cypressbook1@naver.com | **홈페이지** www.cypressbook.co.kr
블로그 blog.naver.com/cypressbook1 | **포스트** post.naver.com/cypressbook1
인스타그램 싸이프레스 @cypress_book | 싸이클 @cycle_book
출판등록 2009년 11월 3일 제2010-000105호

ISBN 979-11-6032-259-0 13630

· 이 책은 저작권법에 따라 보호를 받는 저작물이므로 무단 전재 및 무단 복제를 금합니다.
· 책값은 뒤표지에 있습니다.
· 파본은 구입하신 곳에서 교환해 드립니다.
· 싸이프레스는 여러분의 소중한 원고를 기다립니다.

마음 고요 미술관

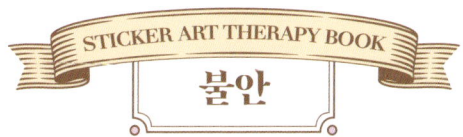

STICKER ART THERAPY BOOK

불안

감수의 글
Reviewer's note

　그림은 단순한 표현을 넘어 '회복의 언어'가 됩니다. 말로는 다 전할 수 없는 감정과 삶의 경험이 색과 선, 그리고 형상 속에 들어있으며 그 속에 놀라운 치유의 힘이 숨어 있기 때문입니다.
　특히 명화는 시대를 초월해 인간의 내면을 가장 솔직하게 담아낸 시간의 기록입니다. 화가들이 그려낸 고통과 슬픔, 희망, 용기, 그리고 사랑이 교차하는 수많은 장면 속에서 우리는 자신과 닮은 이야기를 발견하고, 마음의 결을 어루만지게 됩니다. 그렇게 명화는 오늘을 살아가는 우리의 마음과 깊이 이어져 있습니다.
　명화를 감상하는 사람에게 치유적인 효과가 생기는 이유는 감상자 역시 예술가이기 때문이기도 합니다. 보들레르는 '예술은 인간의 천성이고 천성은 신의 예술이다'라고 말했습니다. 즉 '인간은 예술가로서 타고났다'는 뜻이지요. 그의 말처럼 우리 모두는 타고난 예술가입니다. 그래서 아름다운 경치, 아름다운 사람, 아름다운 그림, 아름다운 노래에 감동받는 것입니다.
　명화를 통해 어떤 사람은 감정이 자극되며 치유의 경험을 하고, 어떤 사람은 내면의 예술가가 영감을 받아 아름다움을 느끼며 치유를 경험하기도 합니다. 미술 작품이 주는 지적인 즐거움을 놀이처럼 즐기는 사람도 있고, 나도 모르게 내면의 불편한 충동이 발산되기도 하며 자기성찰이 이루어지기도 합니다.

　이 워크북은 그러한 명화의 언어를 통해 자신과 마주하고, 마음을 표현하며 회복을 경험하여 치유에 도움이 되도록 제작되었습니다. 명화를 감상하고, 이후 감정의 여운을 간단한 활동으로 이어가도록 하여 예술이 건네는 위로를 스스로 체험할 수 있도록 구성했습니다. 그림을 보고, 느끼고, 손끝으로 다시 완성해가는 모든 과정이 당신 안의 이야기와 만나는 시간이 되었으면 합니다.

　심리적 문제 중에선 특히 현대인에게 많은 우울, 불안, 스트레스를 중점적으로 다루었습니다. 〈우울〉 편에서는 우울한 감정을 공감하기도 하고 점차 벗어나서 희망으로 가는 여정을 담았으며, 〈불안〉 편에서는 불안을 공감하는 데서 출발해 심리적 안정으로 찾아가도록 했습니다. 〈스트레스〉 편에서는 스트레스 이완에 도움이 되며 내면의 스트레스를 분출하도록 구성했습니다. 명화를 감상하는 것만으로도 치유적 효과가 있지만 스티커 작업은 직접 창조해가는 즐거움을 주며 치유 효과를 더할 것입니다.

　한 점의 그림이 한 사람의 마음을 바꾸고, 그 마음이 세상을 조금 더 따뜻하게 만든다는 마음으로 이 책을 독자 여러분께 건넵니다.

　〈마음 고요 미술관〉이 예술의 빛으로 당신의 마음을 비추고, 그 빛이 다시 누군가의 길을 밝히는 시작이 되기를 바랍니다.

신동근, 유미

스티커 아트 테라피 북, 이렇게 활용하세요!

How to use Sticker Art Therapy Book

    이 책은 폴리곤 아트Polygon Art 스티커를 붙이며 명화를 완성하는 스티커 아트 테라피 북Sticker Art Therapy Book입니다.
    뭉크의 〈절규〉, 〈병실에서의 죽음〉, 고흐의 〈낮잠〉 등 '불안'이라는 감정을 효과적으로 달랠 수 있는 작품으로 구성하였습니다.
    스티커 조각 수를 줄여 완성에 대한 부담을 줄이고, 손끝의 작은 집중이 마음을 고요하게 이끌도록 돕습니다. 완성된 명화를 보며 성취감을 느낄 수 있으며, 해냈다는 자신감도 얻을 수 있습니다. 또한 정신과 의사 및 미술치료 전문가의 작품 해설을 넣어 우울한 마음을 달래는 데 더욱 효과적입니다.
    책은 크게 앞부분의 작품 면과 뒷부분의 스티커 면으로 나뉩니다. 작품 면에는 실제 스티커를 붙일 수 있는 바탕지 10개가 있으며, 불안한 마음을 직관적으로 느낄 수 있는 작품부터 감정을 해소할 수 있는 작품 순으로 나열하였습니다. 책의 내용을 확인했다면, 이제 스티커를 붙여볼까요?

1. 작품을 고르세요

오늘의 감정에 맞는 작품을 선택하세요. 지금 내 감정과 가장 닮은 색이나 분위기의 그림을 고르는 것, 즉 내 감정을 살피는 것부터가 치유의 시작입니다.

2. 마음을 가다듬고 스티커를 붙이세요

본문에 있는 작품 면과 같은 제목(작품명은 작품 면 뒤쪽에 있습니다.)의 스티커지를 찾아 옆에 준비해둡니다. 작품 면(바탕지)에 있는 번호와 같은 스티커를 찾아 천천히 붙입니다. 정확하게 붙이거나 빨리 붙이는 것이 목표가 아니라 '조용히 몰입하는 시간' 그 자체가 치유의 핵심입니다. 호흡을 고르고 색과 형태가 채워지는 과정을 온전히 즐깁니다.

3. 완성된 그림을 감상하세요

스티커를 모두 붙여 작품을 완성했다면 내가 만든 명화를 충분히 감상하세요.

4. 나만의 미술관을 만들어 보세요

완성된 작품을 책에서 분리해 벽이나 냉장고, 책상 등에 전시해보세요. 또는 사진을 찍어 SNS에 공유하며, '오늘 나를 닮은 그림'으로 하루를 간직한다면, 조용하지만 확실한 회복의 순간이 쌓입니다.

5. 여유롭게 천천히 해도 괜찮아요

시간 내에, 하루 내에 또는 완벽하게 다 붙여야 한다는 강박을 버리는 것이 좋습니다. 하루에 한 조각만 붙여도, 한 작품만 완성해도 충분합니다. 나를 위해 무언가를 시도했다는 그 자체로 이미 훌륭합니다.

한눈에 보는 스티커 아트

Contents

1 절규
바탕지…11 | 스티커…33~36

2 병실에서의 죽음
바탕지…13 | 스티커…37~40

3 과일과 금화조 정물화
바탕지…15 | 스티커…41~44

4 야생화가 담긴 마졸리카 주전자
바탕지…17 | 스티커…45~48

5   소녀와 강아지
바탕지…19 ｜ 스티커…49~52

6   아기를 안은 여자
바탕지…21 ｜ 스티커…53~56

7   졸린 아기를 씻기는 어머니
바탕지…23 ｜ 스티커…57~60

8   아기를 위한 간식
바탕지…25 ｜ 스티커…61~64

9   엄마의 귀여운 아기
바탕지…27 ｜ 스티커…65~68

10   낮잠
바탕지…29 ｜ 스티커…69~72

마음의 평화를 원한다면,
자기 생각과의 싸움을 멈춰야 한다

— 피터 맥 윌리엄스

1
절규
The Scream(1893)

―

에드바르트 뭉크 Edvard Munch(노르웨이, 1863~1944)

귀를 막고 소리를 지르는 인물의 모습은 인간의
실존적 공포와 불안에 대한 심오한 경험을 나타낸
작품으로 가장 유명한 명화 중 하나로 알려져
있습니다. 그 이유는 인간이면 누구나 삶 속에서
공포와 불안을 느끼며 살아가고 있기 때문이
아닐까 생각합니다. 보편적인 고통에 대한 공유와
불안한 감정에 대한 시각적 객관화는 스스로
고통을 이겨낼 수 있는 힘을 줍니다. 뭉크의 절규는
절망이라기보다 고통스런 감정 표현을 통한 삶의
의지라 할 수 있습니다.

2
병실에서의 죽음
Death in the Sick room

에드바르트 뭉크 Edvard Munch (노르웨이, 1863~1944)

〈병실에서의 죽음〉은 뭉크가 어릴 적 기억을 바탕으로 성인이 된 후에 그린 그림입니다. 침대의 죽음은 어린 시절 뭉크의 어머니이며, 다른 가족은 세월이 지난 현재의 모습입니다. 뭉크의 죽음에 대한 불안을 시각화한 작품으로 설명할 수 있습니다. 공포를 마주하는 것. 이는 트라우마를 치유하는 방식이기도 합니다. 고통스런 상황을 억압하는 것이 아니라 재현하고 마주함으로써 그것을 다시 '재구성'하고 '통제'하는 힘을 갖게 합니다. 이처럼 상실과 이에 대한 불안을 예술로 승화하는 것은 고통을 의미있게 바꿀 수 있는, 즉 인간의 회복력에 대한 가능성을 보여줍니다.

3

과일과 금화조 정물화
Still Life With Fruits And A Goldfinch(1855)

———

오토 디드릭 오테센 Otto Didrik Ottesen (덴마크, 1816~1892)

오테센의 붓끝은 섬세하고 예민합니다. 마치 빛과 사물을
그대로 가둬 둔 것만 같습니다. 하지만 그림의 분위기와는
달리, 금화조는 유럽 회화에서 영혼과 희망, 구속으로부터의
해방을 상징하며, 정적이고 균형 잡힌 형태로 배치된
정물들은 안정된 시선 속에서 인간의 내면의 질서와 명상적
안정감을 유도합니다. 어두운 분위기에 잠시 멈칫하게
되지만 이내 정적인 고요가 불안을 해소할 수 있도록
도와줍니다. 익은 과일과 시들기 시작한 꽃은 생명과 죽음,
성숙과 쇠락이 하나의 질서 속에 공존하고 있음을 알려주며,
이 모습은 인간의 삶과 매우 닮아 있음을 깨닫게 합니다.
자연의 순환 속에서 '삶과 죽음의 조화'를 느낄 수 있지요.

4

야생화가 담긴 마졸리카 주전자
Still Life Majolica Jug with Wildflowers(1888)

빈센트 반 고흐 Vincent van Gogh (네덜란드, 1853~1890)

그림 속에는 화려한 장미나 해바라기가 아니라,
들판의 야생화들이 무심하게 꽂혀 있습니다.
"나는 그림을 통해 자연과 하나가 되고 싶었다."는
고흐에게 야생화는 불안과 빈곤 속에서 살았던
자신에게 희망과 정신적 회복을 상징하고 있으며,
이는 그림을 감상하는 사람에게도 고스란히
전달되고 있습니다. 그림 속 꽃들은 완벽하지
않지만, 각기 다른 색과 형태로 어우러져 들꽃의
생명력과 자유로움, 그리고 불완전함 속에서
조화로움을 보여줍니다. 노랑, 초록, 붉은 계열의
따뜻한 대비는 활력과 정서적 안정을 유도합니다.

5

소녀와 강아지
A Young Girl and Her Dog(1780)

———

조슈아 레이놀즈 Sir Joshua Reynolds(영국, 1723~1792)

'개와 인간의 관계'는 단순히 반려동물과
보호자의 관계를 넘어선 깊은 애착 관계를 담을
수 있습니다. 그런 연유로 예술 속에서 개는
'충성'이나 '사랑'이라는 상징을 넘어, 선험적이며
모성의 사랑에서 느낄 수 있는 무조건적 수용과
정서적 안정감의 표상으로 자주 등장합니다.
그림을 통해 우리는 위로와 내면의 평화를 느낄
수 있습니다. 소녀에게 안겨 있는 강아지는
평화로워 보이고, 그런 강아지를 안고 있는
소녀의 발그레한 미소도 마음을 따뜻하게
감쌉니다.

6

아기를 안은 여자
Woman With Baby(1902)

메리 카사트 Mary Cassatt(미국, 1844~1926)

'엄마와 아기'는 인류 미술의 가장 오래된 주제로
'보호받고 싶은 인간의 근원적 욕구'를 시각적으로
보여줍니다. 아기를 품에 안은 어머니를 통해
그림을 감상하는 사람으로 하여금 불안을
달래고 정서적 안정을 취할 수 있게 합니다. 또한
트라우마나 애착 손상, 또는 상실 경험이 있는
사람에게 따뜻한 위로가 되어 줄 수 있습니다. 그림
속의 주된 색채인 초록은 시각적인 안정감을, 어린
아기와 어머니의 붉은 의상은 생명에 대한 강한
의지를 느끼게 합니다.

7
졸린 아기를 씻기는 어머니
Mother about to Wash Her Sleepy Child(1880)

―

메리 카사트 Mary Cassatt(미국, 1844~1926)

그림 속에서 아기는 어머니에게 완전히 의존하고 있습니다. 아기를 씻기기 직전 어머니의 손과 팔이 아기를 감싸는 모습은 절대적 안전감을 보여주고 있어 심리적 안정감과 안전함을 보여줍니다. 어머니가 졸린 아기를 씻기려는 모습은 일상의 반복된 행위로 유추할 수 있으며, 이는 인간 존재의 따스함, 사랑, 보호를 상징하며 이를 통해 우리는 심리적 불안을 덜어내고 모성적 위안과 마음의 평온을 유지할 수 있습니다.

8

아기를 위한 간식
A Treat for Baby

―――

유제니오 잠피기 Eugenio Zampighi (이탈리아, 1859~1944)

그림은 모성과 돌봄이라는 주제로 아기와의
일상적 행복을 묘사하고 있습니다. 잠피기는 주로
이탈리아 농촌 생활의 목가적인 분위기를 그리곤
했는데, 이 작품 역시 농촌에서 생활하는 이들의
유쾌함과 밝은 에너지를 가득 담고 있습니다.
밝고 따뜻한 색채와 그림 전체에서 느낄 수 있는
어머니와 아이들의 친밀감, 행복한 분위기는
긍정적 감정을 강화시킴으로써 마음의 평화와
편안함을 느끼게 합니다.

9
엄마의 귀여운 아기
Mother's darling

프리츠 주버 뷜러 Fritz Zuber-Buhler(스위스, 1822~1896)

어머니의 시선에는 부드러운 사랑이, 아기의
얼굴에는 평온함이 깃들어 있으며, 화면의 중앙은
따뜻한 빛이 어머니와 아기를 감싸고 있어 따스한
사랑과 온기를 느끼게 합니다. 그림은 어머니의
무조건적 사랑과 조건 없는 수용을 통해 그림을
보는 사람으로 하여금 내적 온기를 회복하고
심리적 안정감을 취할 수 있게 합니다.

10
낮잠
The siesta(after Millet)(1889)

빈센트 반 고흐 Vincent van Gogh (네덜란드, 1853~1890)

〈한낮의 휴식〉이라고도 불리는 이 작품은 노동 후 자연
속에서 평화와 안식을 취하는 농부의 모습을 담고 있으며
농민 화가 밀레의 그림에서 모티브를 가져왔습니다.
강렬한 햇살 아래 밝은 들판과 수확 중인 밀단은
생명력과 함께 열심히 일한 보답의 결실을 상징적으로
나타내고 있습니다. 자연의 다양한 풍경 곡선에 녹아든
농부들의 자세는 인간과 자연의 일체감을 느끼게 하여
조화로움을 자아냅니다. 또한 황금빛 노랑과 따뜻한
오렌지, 부드러운 파랑의 조화는 시각적 위안과 더불어
내적 안정을 취할 수 있도록 도와줍니다.

+ 이 작품은 고흐의 작품과 빈티지한 자연 배경을 콜라주한 작품입니다.

STICKER ART
THERAPY BOOK

1	절규	스티커…33~36
2	병실에서의 죽음	스티커…37~40
3	과일과 금화조 정물화	스티커…41~44
4	야생화가 담긴 마졸리카 주전자	스티커…45~48
5	소녀와 강아지	스티커…49~52
6	아기를 안은 여자	스티커…53~56
7	졸린 아기를 씻기는 어머니	스티커…57~60
8	아기를 위한 간식	스티커…61~64
9	엄마의 귀여운 아기	스티커…65~68
10	낮잠	스티커…69~72

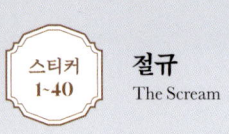

절규
The Scream

스티커 1-40

01 02 03 04 05 06 07
08 09 10 11 12 13
14 15 16 17 18 19 20
21 22 23 24 25 26 27
28 29 30 31 32 33

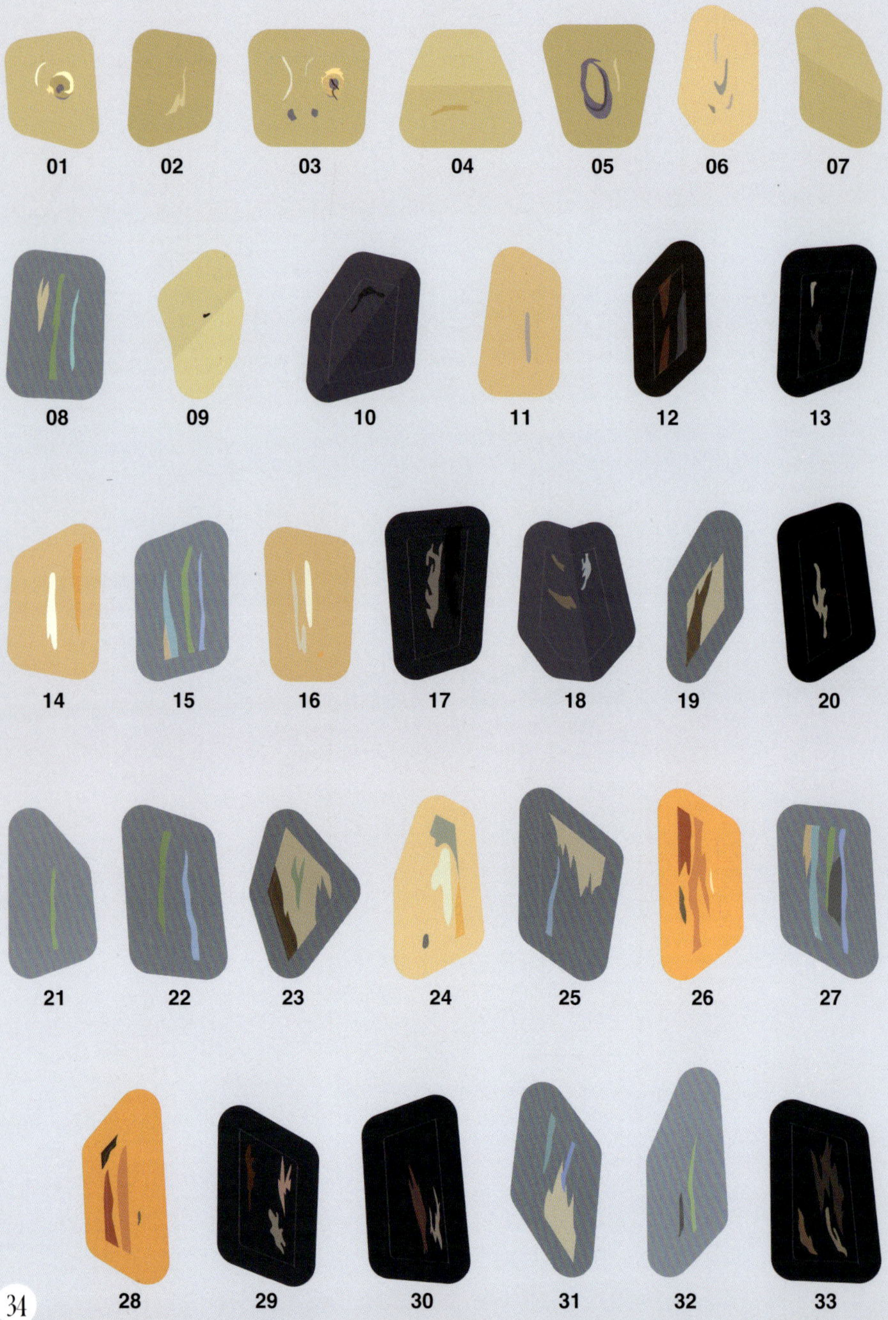

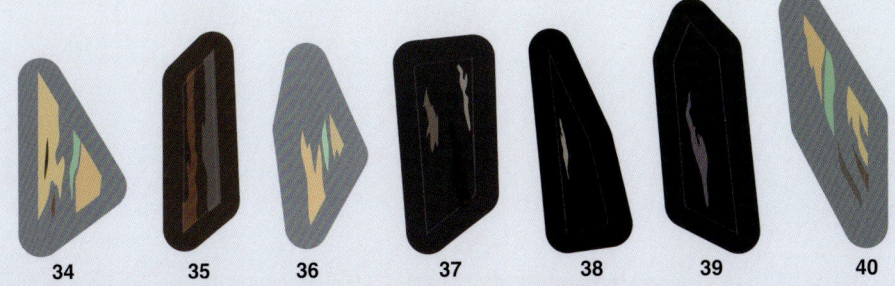

+ 보너스 스티커를 다이어리나 노트에 활용해 보세요.

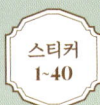
스티커
1~40

병실에서의 죽음
Death in the Sick room

01

02

03

04

05

06

07

08

09

10

11

12

13

14

15

16

17

18

19

20

21

22

23

24

25

26

27

28

29

30

31

32

33

34

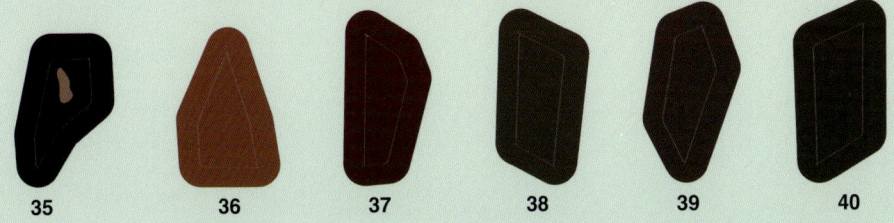

35　　　　36　　　　37　　　　38　　　　39　　　　40

과일과 금화조 정물화
Still Life With Fruits And A Goldfinch

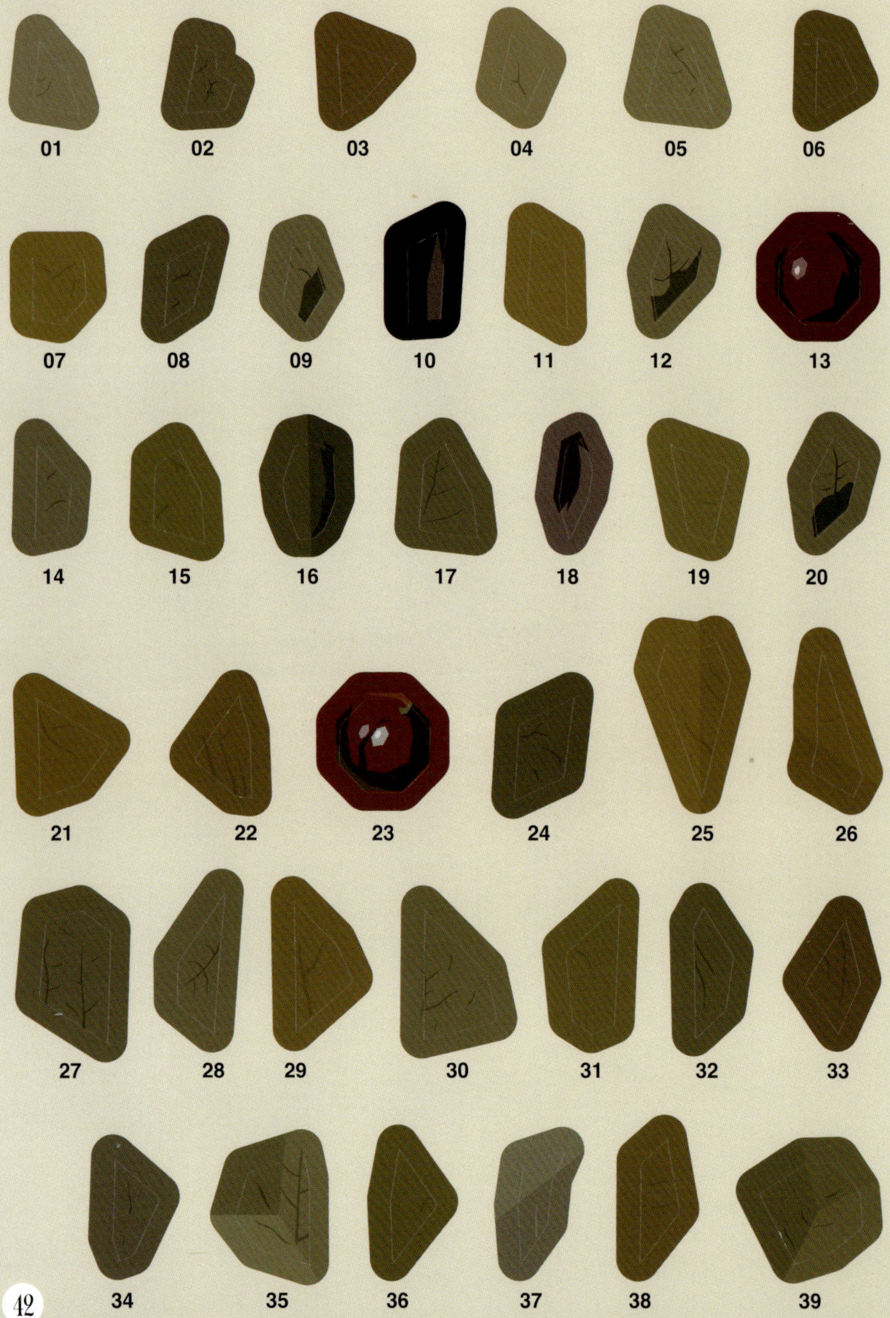

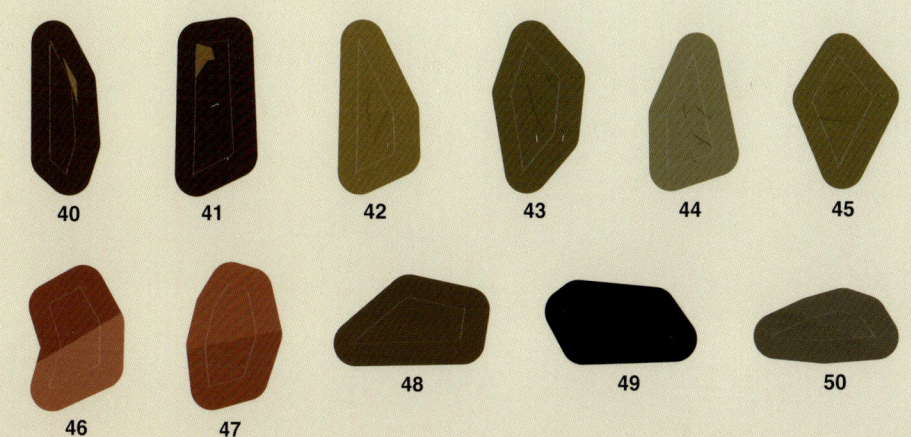

40 41 42 43 44 45

46 47 48 49 50

스티커 1~70

야생화가 담긴 마졸리카 주전자
Still Life Majolica Jug with Wildflowers

01　　02　　03　　04　　05　　06　　07

08　　09　　10　　11　　12　　13　　14

15　　16　　17　　18　　19　　20　　21

22　　23　　24　　25　　26　　27

28　　29　　30　　31　　32　　33

34　　35　　36　　37　　38　　39

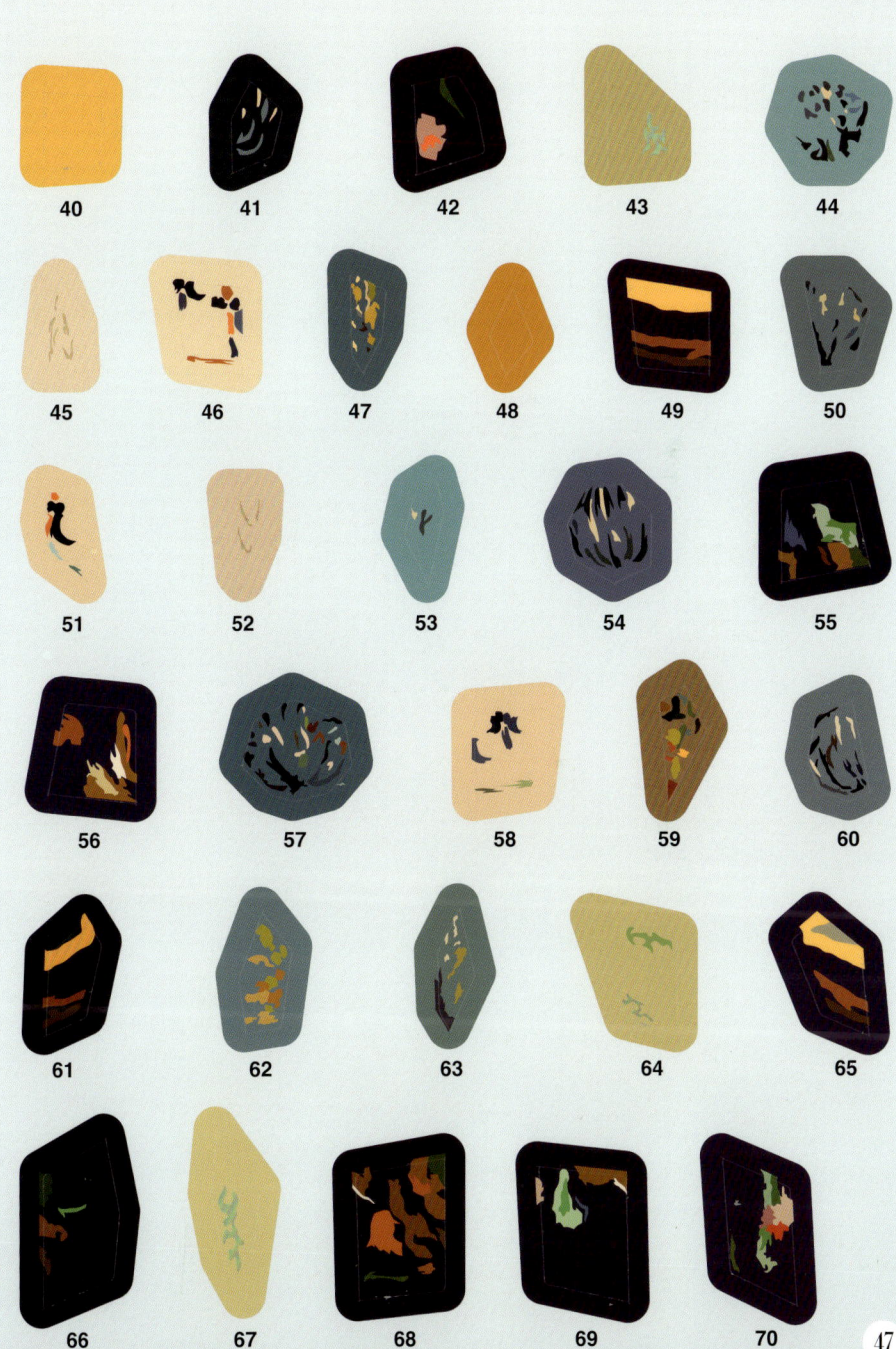

스티커 1-65

소녀와 강아지
A Young Girl and Her Dog

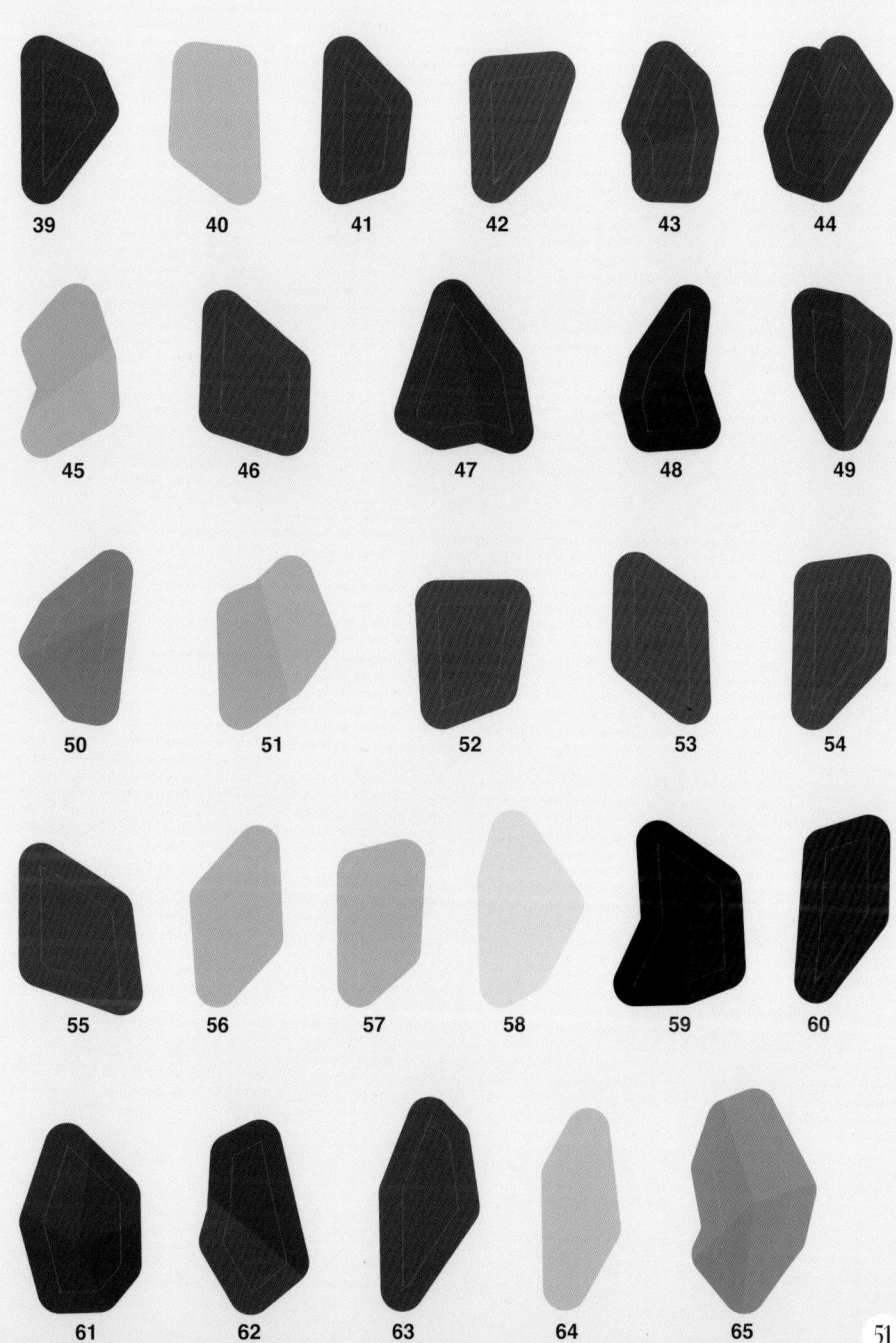

스티커 1~75

아기를 안은 여자
Woman With Baby

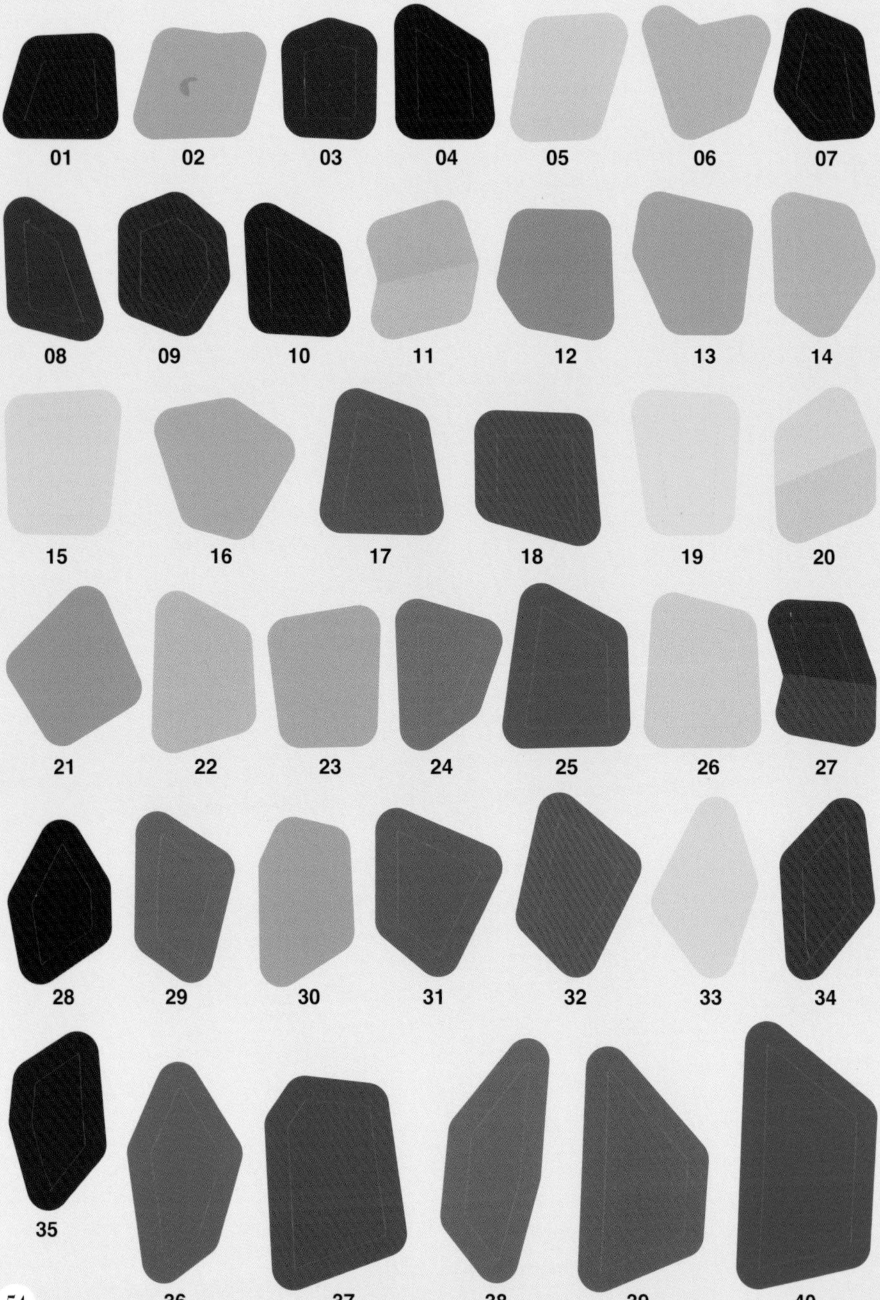

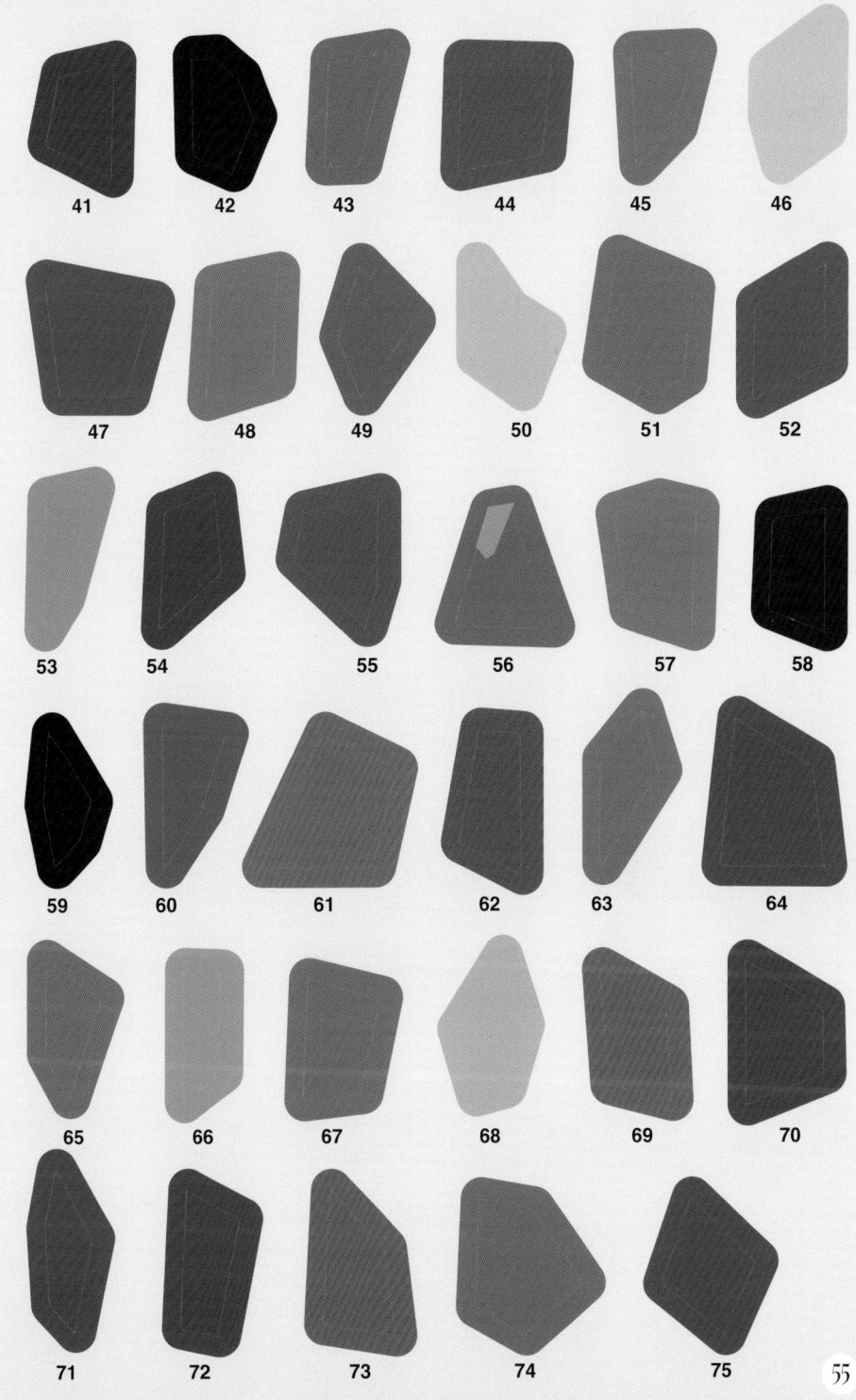

스티커 1-60 졸린 아기를 씻기는 어머니
Mother about to Wash Her Sleepy Child

 01
 02
 03
 04
 05
 06
 07

 01
 02
 03
 04
 05
 06

 07
 08
 09
 10
 11
 12

 13
 14
 15
 16
 17
 18

 19
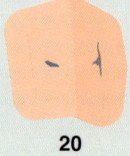 20
 21
 22
 23
 24

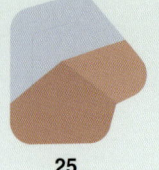 25
 26
 27
 28
 29
 30

 31
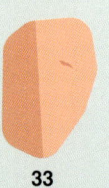 32
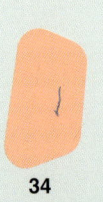 33
 34
 35

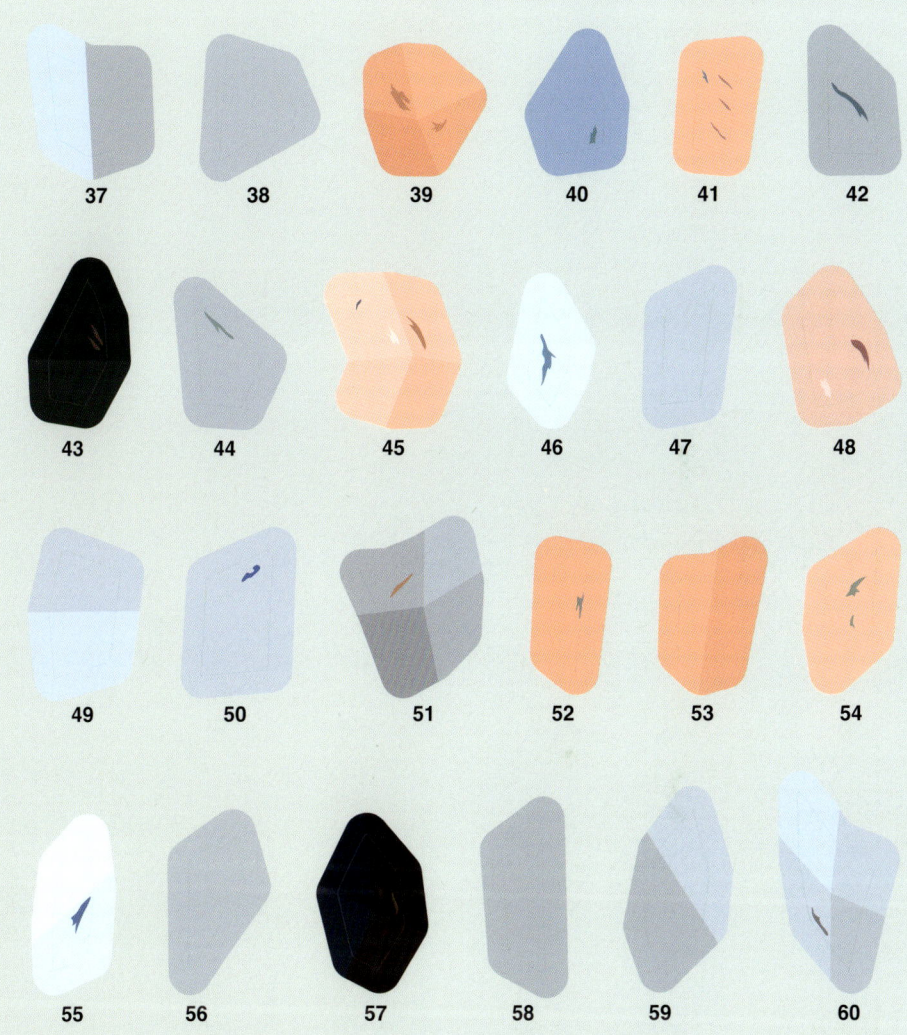

아기를 위한 간식
A Treat for Baby

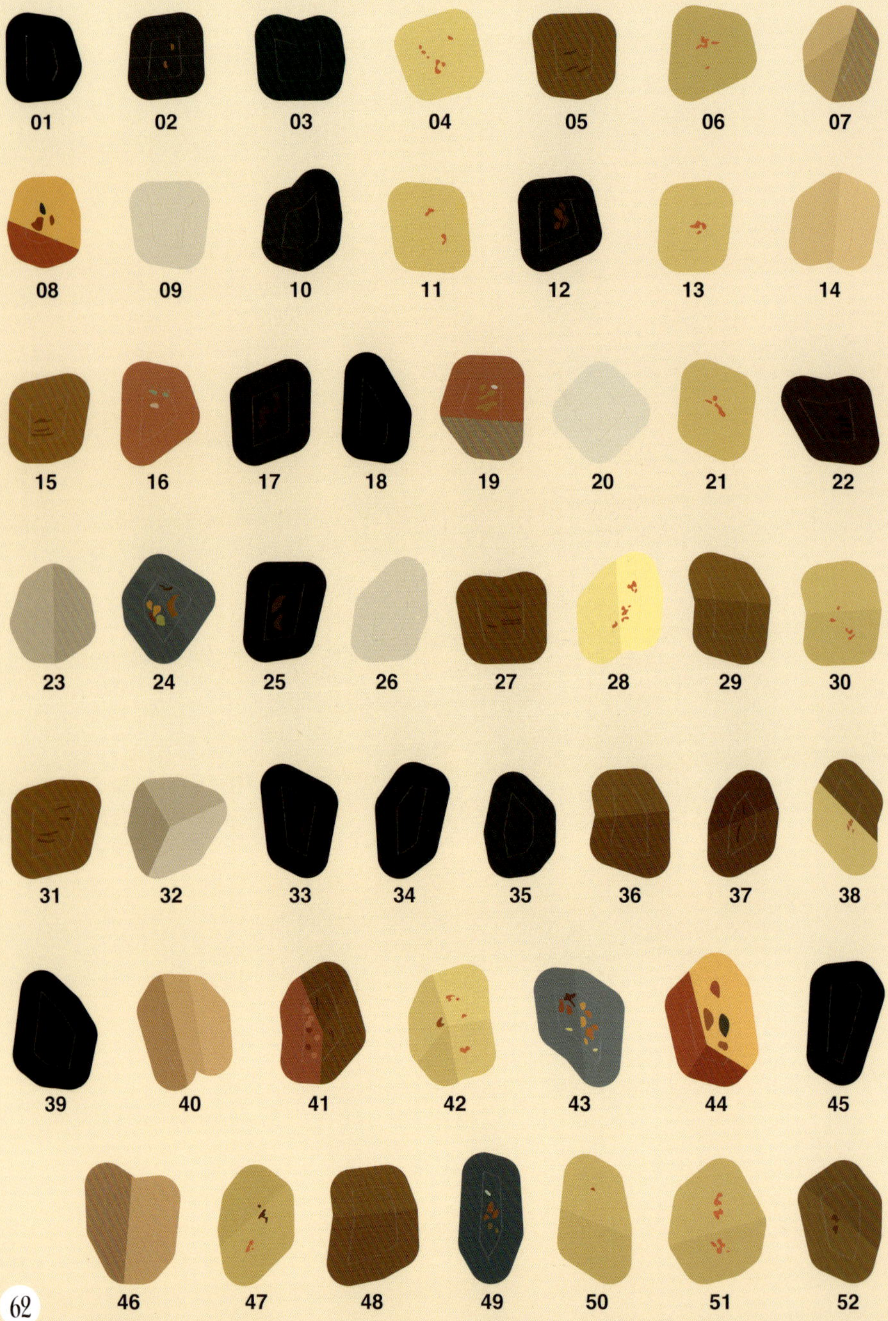

스티커 1~60

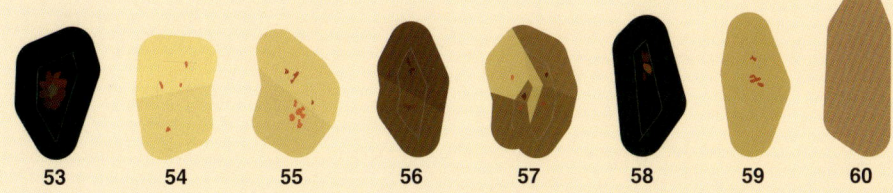

엄마의 귀여운 아기
Mother's darling

스티커 1~55

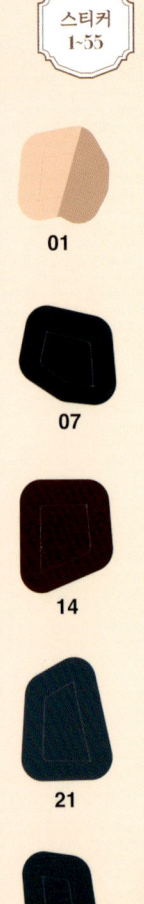
 01
 02
 03
 04
 05
06

 07
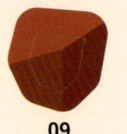 08
 09
 10
 11
 12
13

 14
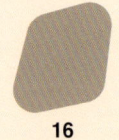 15
 16
 17
 18
 19
20

 21
 22
 23
 24
 25
 26
27

 28
 29
 30
 31
 32
 33
 34

 35
 36
 37
 38
 39
 40
 41

 42
 43
 44
 45
 46
 47
 48

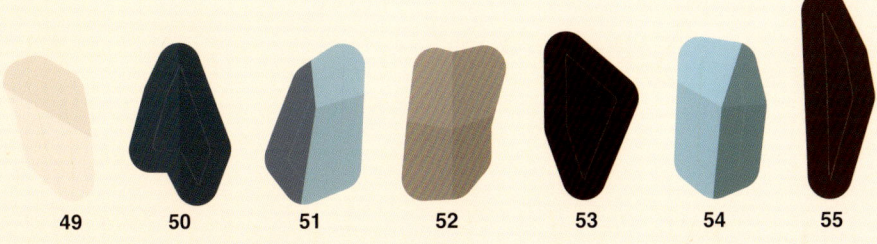

49 50 51 52 53 54 55

스티커 1~50 낮잠
The siesta (after Millet)

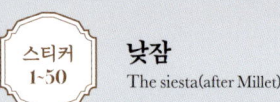

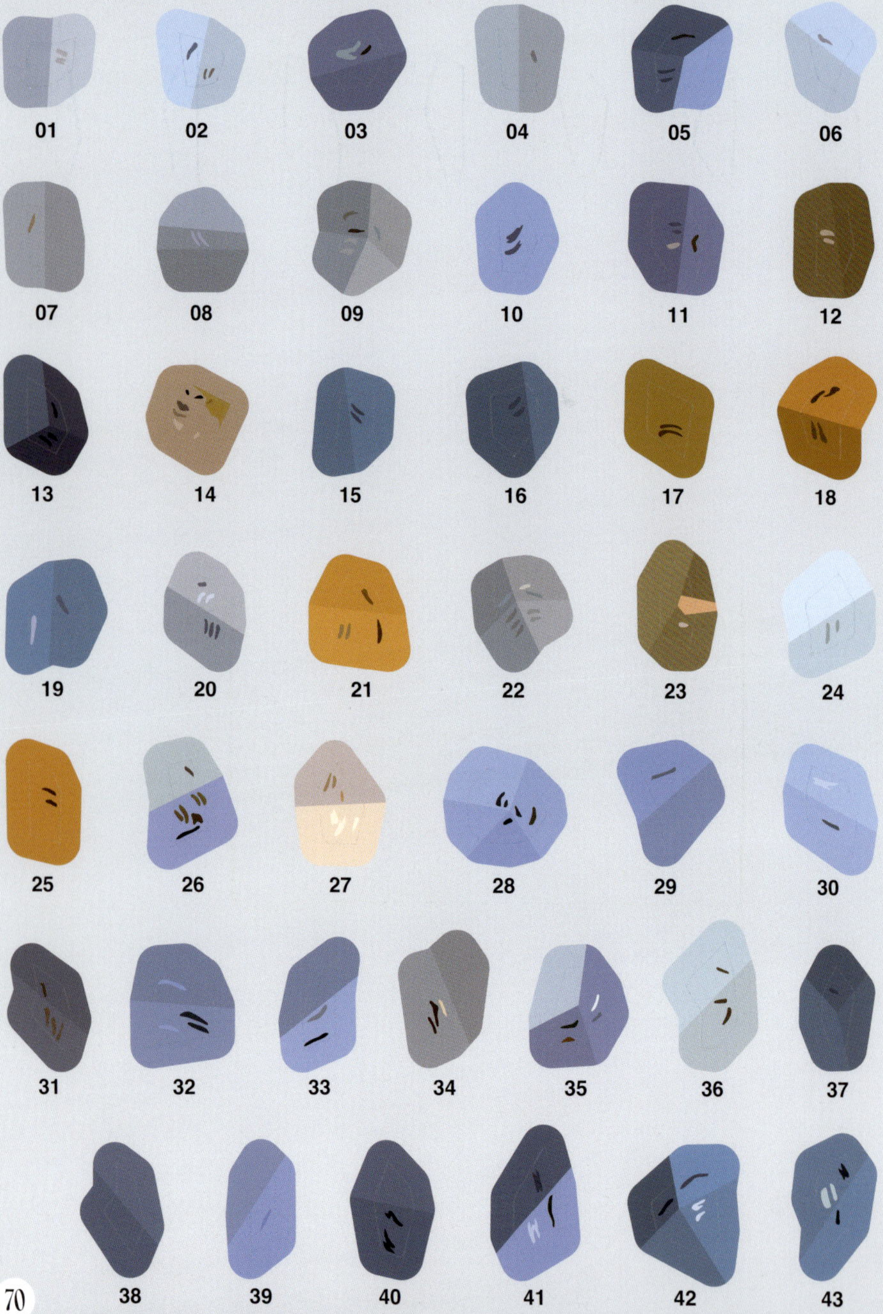

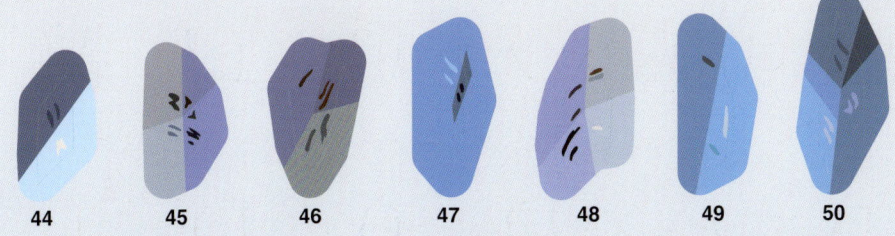

44 45 46 47 48 49 50